Artischockentechnik
Ideen für das ganze Jahr

Bettina Lang

Artischockentechnik
Ideen für das ganze Jahr

Die Deutsche Bibliothek – CIP-Einheitsaufnahme
Artischockentechnik: Ideen für das ganze Jahr / Bettina Lang. – Wiesbaden: Englisch, 1996
ISBN 3-8241-0674-4

© by F. Englisch GmbH & Co Verlags-KG, Wiesbaden 1996
ISBN 3-8241-0674-4
Titelbild Peter Wolf, Fotos Axel Weber
Printed in Spain

Inhaltsverzeichnis

Vorwort	7	**Herbst**	34
		Ägyptische Kugeln	34
Stecktechniken	8	Geteilter Kranz	36
		Herbstgesteck	37
Frühling	10	Viereckige Dose	39
Blaues Ei	11	Bilderrahmen	40
Lachsfarbenes Ei	11	Kalender	43
Stabkugel	13	Passepartoutkarten	43
Eierarrangement	14		
Hahn im Garten	16	**Winter**	45
Fliederfarbene Kugel	18	Adventskalender	46
Herz	20	Runde Dose	46
Käfer-Mobile	22	Mond	48
		Goldener Stern	49
Sommer	24	Patchwork-Stern	51
Kugel mit Enten	25	Patchwork-Glocke	52
Blauer Kranz	25	Goldene Glocke	53
Rosa Wandgesteck	27	Artischocken-Glocken	54
Füllhorn	28	Medaillon	55
Fensterschmuck	29	Kleiner Engel	57
Blumen	31	Großer Engel	58
Ballonfahrt	32	Wandgesteck	60
Glückwunschkarten	33	Weihnachtskarten	62

Vorwort

Schöne Blumen, geschmackvolle Bänder und Stoffe, Naturmaterialien wie Wellpappe und Jute, alles zusammen läßt sich wunderbar mit der Artischockentechnik kombinieren. Auch verschiedene Arbeitsweisen, wie Patchwork- und Artischockentechnik, wirken sehr harmonisch miteinander.

Ich bin ein Mensch, der alles ausprobieren und kombinieren muß. Daraus entstehen immer wieder neue Ideen und Möglichkeiten, schöne Dinge herzustellen. In diesem Buch möchte ich Sie mit der Artischockentechnik durch das Jahr begleiten. Vielleicht entscheiden Sie sich für das österliche Eierarrangement, die sommerlichen Blumen oder den weihnachtlichen Engel? Oder Sie überraschen Ihre Lieben mit einem Adventskalender in der Artischockentechnik. Aber auch

zeitlose Motive, die das ganze Jahr über aktuell sind, werden Sie finden. Bringen Sie zu Ihrer nächsten Einladung doch einmal eine Artischockendose mit, oder schmücken Sie Ihre Wohnung mit einem Artischockenfüllhorn!

Mittlerweile gibt es eine Vielzahl von Styroporformen im Fachhandel – sie eignen sich alle wunderbar zum Verarbeiten, teilweise kann man sie umfunktionieren, oder ich schneide mir die passende Form aus einer Styroporplatte, die man im Baumarkt in verschiedenen Stärken erhält. Haben Sie Mut, etwas Neues auszuprobieren, und lassen Sie Ihrer Phantasie freien Lauf!

Ich hoffe, ich kann Ihnen mit diesem Buch ein paar neue Ideen vermitteln und wünsche Ihnen viel Spaß beim Nacharbeiten!

Bettina Lang

Stecktechniken

Grundmodell I

Mit dieser Technik sind die Objekte senkrecht gestreift.

Legen Sie den ersten unifarbenen Abschnitt flach auf die Mitte, und stecken Sie ihn mit 4 Nadeln fest (s. Abb. 1).

Die Abschnitte werden zu Dreiecken gefaltet (s. Abb. 2).

Stecken Sie zwei gemusterte Abschnitte gegenüberliegend mit Stecknadeln fest, so daß die Spitzen in der Mitte zusammentreffen (s. Abb. 3).

Zwei weitere gemusterte Abschnitte werden in die Zwischenräume gesteckt, so daß in der ersten Reihe ein Quadrat entsteht (s. Abb. 4).

In der zweiten Reihe werden vier unifarbene Abschnitte über die Stoffkanten der ersten Reihe gesteckt. Die Abschnitte sind ca. 5 mm von der Mitte zurückgesetzt (s. Abb. 5).

Die dritte Reihe wird wieder mit gemusterten Abschnitten gearbeitet. Die Spitzen der gemusterten Abschnitte liegen immer übereinander und haben einen Abstand von ca. 1 cm zur Mitte. Die Spitzen der Abschnitte liegen genau in einer Linie (s. Abb. 6).

Auf diese Art wird weitergearbeitet, bis das Objekt fertig ist. Den Abschluß machen Sie mit einem ungefalteten Abschnitt oder lassen ihn offen, wenn ein Trockenfloristikgesteck befestigt wird. Diese Technik kann bei allen im Fachhandel erhältlichen Formen angewendet werden. Je enger die Abschnitte zusammengesteckt sind, desto feiner und edler sieht das Objekt aus. Wenn mit kleinen Formen gearbeitet wird (z.B. kleine Kugeln, Zapfen, Glocken, Eier, usw.) ist es von Vorteil, eng zu arbeiten, weil die Formen unterstützt werden.

Abb.1

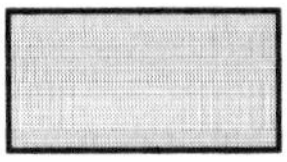

Abb.2

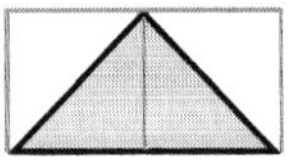

Abb.3

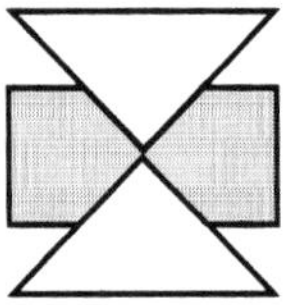

Abb.4

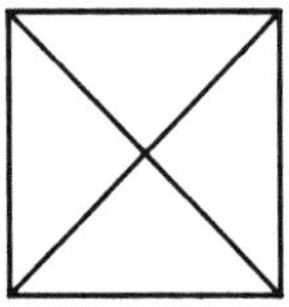

Abb.5

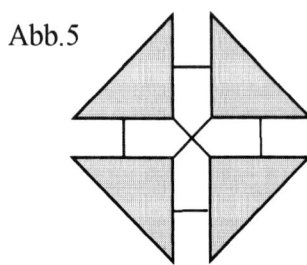

Abb.6

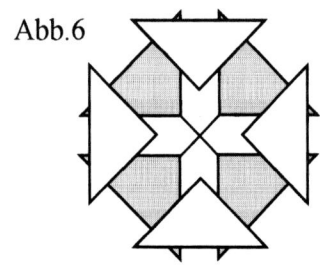

Grundmodell I

Grundmodell II

Mit dieser Technik sind die Objekte waagerecht gesteift.
Legen Sie den ersten unifarbenen Abschnitt flach auf die Mitte, und stecken Sie ihn mit 4 Nadeln fest.
Die Abschnitte werden zu Dreiecken gefaltet.
Stecken Sie zwei gemusterte Abschnitte gegenüberliegend mit Stecknadeln fest. Die Spitzen haben einen Abstand von ca. 0,5 cm von der Mitte aus.
Zwei weitere gemusterte Abschnitte werden in die Zwischenräume gesteckt. In der zweiten Reihe werden nochmals vier gemusterte Abschnitte über die

Stoffkanten der ersten Reihe gesteckt. Die Abschnitte sind ca. 1,2 cm von der Mitte zurückgesetzt.
Die dritte Reihe wird mit unifarbenen Abschnitten gearbeitet. Der Abstand von der Spitze zur Mitte beträgt ca. 1,5 cm. Auch die vierte Reihe wird mit unifarbenen Abschnitten gearbeitet. Die Spitzen dieser Abschnitte haben einen Abstand von ca. 2 cm zur Mitte. Die Spitzen der Abschnitte liegen genau in einer Linie.

Bei dieser Technik kommt es darauf an, immer zwei Reihen mit der gleichen Farbe zu arbeiten.

Frühling

Blaues Ei

Material
- Styroporei, 9 cm
- 8 x 6 cm Stücke blaues Band, 2,5 cm breit, für Patchwork
- 1,95 m blaues Band, 2,5 cm breit
- 2,20 m buntes Band, 2,5 cm breit
- 50 cm buntes Band, 2,5 cm breit, für Schleife
- 2 m blaues Band, 3 mm breit, für Schleife
- 1 m naturfarbenes Band, 3 mm breit, für Schleife
- 1 m blaues Band, 3 mm breit, zum Aufhängen
- Bead-Easy-Perlen-Aufkleber
- Stecknadeln, Heißkleber, Nagelfeile und Cuttermesser

Vorbereitung
Schneiden Sie das 1,95 m und das 2,20 m lange Band in 6 cm Abschnitte.

Anleitung
Die eine Hälfte des Eies wird in der Patchworktechnik gearbeitet. Hierzu teilen Sie die Hälfte des Eies in 8 Teile und schneiden an den Linien mit dem Cuttermesser 1 cm tief ein. Mit der Nagelfeile werden die 8 Abschnitte vom blauen Band in die Kerben gesteckt.

Der Rest der Kugel wird in der Artischockentechnik (Grundmodell I) gearbeitet. Hierbei wird die dekorative Kante der Bänder nach außen gelegt.

Bringen Sie die Aufhängung an, legen Sie die restlichen Bänder zu Schleifen, und befestigen Sie sie unten am Ei. Zur Verzierung werden ein paar Bead-Easy-Perlen aufgeklebt.

Lachsfarbenes Ei

Material
- Styroporei, 9 cm
- 4 x 15 cm lachsfarbenes Band, 7 cm breit
- 2,20 m lachsfarbenes Band, 2,5 cm breit
- 2,40 m buntes Band, 2,5 cm breit
- 1 m lachsfarbenes Band, 3 mm breit, zum Aufhängen
- 2 m lachsfarbenes Band, 3 mm breit, für Schleifen
- 2 m naturfarbenes Band, 6 mm breit
- 2 m lachsfarbenes Band mit Goldkante, 8 mm breit
- 2 m hellblaues Band, 10 mm breit
- Stecknadeln, Heißkleber, 1 Paillette, Nagelfeile und Cuttermesser

Vorbereitung
Die 2,20 m und 2,40 m langen Bänder werden in 6 cm große Abschnitte geschnitten.

Anleitung
Die Hälfte des Eies wird in der Patchworktechnik gearbeitet. Dazu wird das Ei in 4 Teile unterteilt und an den Linien mit Hilfe des Cuttermessers 1 cm

tief eingeschnitten. Danach stecken Sie mit der Nagelfeile 4 Stücke lachsfarbenes Band in die Kerben. Auf der Spitze wird eine Paillette festgesteckt.

Der Rest des Eies wird in der Artischockentechnik gearbeitet. Das Band zum Aufhängen befestigen Sie mit Heißkleber und Stecknadeln. Die 2 m langen Bänder werden in der Mitte durchgeschnitten, in Schleifen gelegt und anschließend mit Heißkleber und Stecknadeln rund um die Aufhängung befestigt.

Stabkugel

Material
– Styroporkugel, 8 cm Ø
– 3 m buntes Band, 4 cm breit
– 1,5 m weißes Band, 4 cm breit
– 1,5 m blaues Band, 4 cm breit
– 1 Stab, 60 cm lang
– 1 Stück Efeu, 3 mittelgroße Blätter,
  Dschungelgras
– weiße und blaue Wiesenblumen
– 1 m weißes Spitzenband, 2,5 cm breit
– je 1 m weißes, hellblaues und
  dunkelblaues Satinband, 6 mm breit
– 1 Stück Steckschwamm
– Stecknadeln, Heißkleber

Vorbereitung
Die 4 cm breiten Bänder werden in
6 cm große Stücke geschnitten.

Anleitung
Die Kugel wird mit 3 verschiedenen
Bändern in der Artischockentechnik
gearbeitet:
1. Reihe 4 bunte Abschnitte, 2. Reihe
gegenüberliegend 2 blaue und 2 weiße
Abschnitte, 3. Reihe 4 bunte Abschnitte
usw.

Befestigen Sie den Stab in der fertigen
Kugel. Füllen Sie ein Gefäß mit Steckschwamm, der mit Dschungelgras abgedeckt wird. Arrangieren Sie mit
Heißkleber die Blumen und den Efeu
unter der Kugel.
Aus dem Spitzenband und den Satinbändern legen Sie eine Schleife und kleben sie seitlich fest.

Eierarrangement

Material
– 3 Styroporeier, 6 cm Ø
– je Ei: 1,60 m buntes Band, 4 cm breit
– je Ei: 1,64 m einfarbiges Band,
  4 cm breit
– $1/2$ Styroporei, 23 cm Ø
– goldgelbe Steinmalfarbe
– 1 Strohbündel
– 1 Stück Steckschwamm
– grünes Dschungelgras
– etwas grüne Dekowolle
– 3 gelbe Blüten, Blätter, Asparagus
– ein paar gelbe Zweige
– 1 m grünes Satinband, 6 mm breit,
  zum Aufhängen
– 30 cm Satinband, 6 mm breit, zum
  Aufhängen
– je 50 cm verschiedene Satinbändchen,
  für Schleife
– Stecknadeln, Heißkleber

Vorbereitung

Die 4 cm breiten Bänder werden in
4 cm lange Stücke geschnitten. Das
große Styroporei bemalen Sie zweimal
mit Steinmalfarbe.

Anleitung

Die Bänderabschnitte werden bei diesen
Eiern etwas anders gefaltet. Legen Sie
die linke obere Ecke auf die rechte unte-
re Ecke, dadurch entsteht ein Dreieck.
Anschließend wird die linke untere
Ecke auf die rechte obere Ecke gelegt.
Mit diesen Dreiecken wird in der ge-
wohnten Artischockentechnik (Grund-
modell I oder II) gearbeitet.
Den Steckschwamm kleben Sie in das

halbe Ei und decken ihn mit Dschungelgras ab. Das Strohbündel wird davor geklebt. Eines der Eier versehen Sie mit
einer Aufhängung und etwas Blumen-
deko. Dieses Ei wird mit der Aufhängung in den Steckschwamm geklebt, die
anderen beiden Eier werden im großen
Ei mit Heißkleber befestigt. Dekorieren
Sie Ihr Arrangement mit Blättern, Asparagus, Zweigen, dem Strohbündel und
Satinbändchen.

Für die Aufhängung stechen Sie mit einem Nagel vorsichtig ein Loch in das
halbe Styroporei. Das Satinband wird
durchgezogen, am unteren Ende verkno-
tet und oben zu einer Schleife gelegt.

Hahn im Garten

Material

– Styroporhahn
– 1,50 m türkises Band, 2,5 cm breit
– 1,60 m gelbes Band, 2,5 cm breit
– 2,40 m bordeauxfarbenes Band,
  2,5 cm breit
– 0,40 m bordeauxfarbenes Band,
  2,5 cm breit, zum Säumen
– 7,60 m braungemustertes Band,
  4 cm breit
– 2 Augen
– Weidenplatte, 25 cm Ø
– Gräser, Blätter, Wiesenblumen

und Korkenzieheräste
– 3 kleine Eier
– Dschungelgras, Steckschwamm
– je 80 cm bordeauxfarbenes, mais-
  gelbes, grünes, eisblaues Satinband,
  6 mm breit
– Stecknadeln und Heißkleber

Vorbereitung

Die 1,50 m, 1,60 m, 2,40 m und 7,60 m
langen Bänder werden in 6 cm lange
Stücke geschnitten.

Anleitung

Als erstes säumen Sie mit dem 40 cm langen bordeauxfarbenen Band den unteren Teil des Schwanzes und den Hahnenkamm. Dazu wird das Band entlang der Kanten flach aufgesteckt. Danach beginnen Sie mit den Schwanzfedern. Es wird waagerecht gearbeitet. Beginnen Sie links unten mit Türkis (5 Abschnitte), arbeiten Sie mit Gelb (7 Abschnitte), Bordeaux (9 Abschnitte), Türkis (12 Abschnitte), Gelb (13 Abschnitte, die direkt oben auf dem Hahnenschwanz sitzen), und auf der rechten Seite mit Türkis, Bordeaux, Gelb, Türkis weiter. Unten muß etwas enger gearbeitet werden als oben. Legen Sie 22 bordeauxfarbene Abschnitte für den Hahnenkamm zur Seite.

Anschließend wird der Körper von hinten nach vorne auf beiden Seiten gearbeitet. Den Halsbereich lassen Sie frei. Die Abschnitte laufen auf der Brust zusammen und werden mit 4 Abschnitten abgedeckt. Bei diesen 4 Abschnitten werden die äußeren Ecken nach hinten umgeschlagen. Zum Schluß wird der Halsbereich vom Bauch in Richtung Kopf gearbeitet und die Augen mit Heißkleber aufgeklebt. Anschließend wird der fertige Hahn mit Heißkleber auf die Weidenplatte geklebt.

Das Stück Steckschwamm wird neben den Hahn geklebt und mit Dschungelgras abgedeckt, damit man es nicht mehr sieht. Die Blätter, Blumen, Gräser und Eier arrangieren Sie nach Ihrem Geschmack. Zum Schluß werden aus den vier Satinbändern Schlaufen gelegt und zwischen die Blumen gesteckt.

Fliederfarbene Kugel

Material
- Styroporkugel, 10 cm Ø
- 4,5 m fliederfarbenes Band, 4 cm breit
- 2,25 m gemustertes Band, 4 cm breit
- 2,25 m gemustertes Band mit Goldkante, 4 cm breit
- 1 m fliederfarbene Perlenkette, 4 mm Ø
- 1 m fliederfarbenes Satinband, 6 mm breit
- 1 fliedergoldfarbener Kerzenkranz mit Bänder und Trauben
- Stecknadeln

Vorbereitung
Das unifarbene und die beiden gemusterten Bänder werden in jeweils 7 cm lange Abschnitte geschnitten.

Anleitung
Die Kugel wird nach Grundmodell I gearbeitet. Allerdings werden zwei verschieden gemusterte Bänder in einer Reihe verwendet. Zwei Dreiecke eines Bandes werden gegenübergesteckt, die zwei anderen in den Zwischenraum, so entsteht eine gemusterte Reihe. Es muß darauf geachtet werden, daß bei dem

gemusterten Band mit der Goldkante die dekorative Kante nach außen liegt, dazu wird das gefaltete Dreieck einfach umgedreht. Damit das Dreieck nicht verrutscht oder aufgeht, können Sie die Stecknadeln etwas zur Mitte hin versetzen.

Abschließend wird das Satinband zum Aufhängen mit etwas Heißkleber und 2 Stecknadeln befestigt. Nun binden Sie die Perlenkette an den Ring des Kerzenkranzes und befestigen das ganze mit Stecknadeln oder Heißkleber auf der Kugel.

Herz

Material
– Herz, 14 cm
– 60 cm rostfarbenes Taftband, 2,5 cm breit
– 60 cm lachsfarbenes Taftband, 2,5 cm breit
– 90 cm naturfarbenes Taftband, 2,5 cm breit
– 60 cm rostfarbenes Satinband, 10 mm breit
– 60 cm lachsfarbenes Satinband, 10 mm breit
– 90 cm naturfarbenes Satinband, 10 mm breit
– 4,20 m naturfarbenes Taftband, 4 cm breit
– 2 m buntes Band mit Drahtkante, 4 cm breit

Für die Schleifen:
– je 1 m rost- und lachsfarbenes Satinband, 6 mm breit, zum Aufhängen
– 80 cm rostfarbenes Band, 4 cm breit
– je 1,40 m natur-, rost- und lachsfarbenes Satinband, 6 mm breit
– 80 cm Perlenkette
– Stecknadeln, Heißkleber

Vorbereitung
Die 2,5 cm und 10 mm breiten Bänder werden in 15 cm lange Stücke geschnitten. Aus dem 4 cm breiten Taftband schneiden Sie 60 Abschnitte à 7 cm.

Anleitung
Legen Sie vier 2,5 cm breite Taftbänder farbig abwechselnd, waagerecht nebeneinander über die Mitte des Herzens, und stecken Sie sie am rechten Ende fest. Genauso legen Sie 3 Bänder nebeneinander senkrecht über das Herz. Verweben Sie die Bänder miteinander, und stecken Sie sie am anderen Ende fest. In der gleichen Technik verfahren Sie mit den Satinbändern. Arbeiten Sie die andere Seite des Herzens genauso. Für die Artischockentechnik stehen Ihnen je Seite 30 Abschnitte zur Verfügung, die Sie gemäß der Abbildung feststecken.

Aus dem Band mit der Drahtkante ziehen Sie den Draht an einem Ende ein Stück heraus und verknoten ihn. Dann raffen Sie das Band auf ca. 50 cm und säumen damit die äußere Kante. Das Band zum Aufhängen wird festgeklebt oder -gesteckt. Teilen Sie die Bänder für die Schleifen, fertigen Sie je zwei Schleifen an, und kleben Sie sie zusammen mit der Perlenkette fest.

Käfer-Mobile

Dieses lustige Mobile können Sie mit beliebig vielen Käfern basteln. Meine Materialangaben und die Beschreibung gelten für 1 Käfer.

Material
- $1/2$ Styroporei, 6 cm Ø
- 6 Bandabschnitte, 4 cm breit, 7 cm lang
- 3 Bandabschnitte, 2,5 cm breit, 5 cm lang
- 2 bunte oder andersfarbene Bandabschnitte für die Flügel, 4 cm breit, 7 cm lang
- 10 cm Satinband, 10 mm breit
- 2 Wackelaugen
- 10 cm Pfeifenputzer
- 10 cm Band, 4 cm breit, um den Bauch abzudecken
- Stecknadeln, Heißkleber

Anleitung
Legen Sie einen 4 cm breiten Bandabschnitt am dicken Ende des Eies an der Kante auf. Diesen stecken Sie am Bandrand in der Mitte mit einer Stecknadel fest.

Falten Sie die beiden Bandecken zum Körper hin zu einem Dreieck, und stecken Sie sie fest, so daß die Nadel durch die Spitze verdeckt ist. Die nächsten beiden Abschnitte befestigen Sie mit der Spitze rechts und links genau neben dem ersten Dreieck (etwas überlappend), so daß drei Spitzen am Körperende zusammenlaufen. Die rechts und links überstehenden Ecken werden am Bauch des Käfers festgesteckt. Die nächsten Abschnitte werden 2,5 cm zurückgesetzt. Eins wird in der Mitte, je eins rechts und links zur Hälfte am Bauch festgesteckt.

Die Nase wird genauso gearbeitet wie die ersten 3 Bandabschnitte des hinteren Teils, nur mit den 2,5 cm breiten Bändern. Die Flügel werden, 2 cm von der Nase gemessen, nach hinten versetzt festgesteckt. Der Ansatz zwischen Nase und Flügel wird mit dem Satinband verdeckt. Augen und Fühler werden aufgeklebt und der Bauch abgedeckt.

Material für das Mobile
- Mobilestäbe (Schaschlikspieß aus Holz), am Ende mit Perlen versehen
- 6 Käfer
- Perlen in verschiedenen Formen und Farben
- ca. 5 m Satinband, 6 mm breit

Sommer

Kugel mit Enten

Material
– Styroporkugel, 12 cm Ø
– 35 cm Band mit Entenmotiv,
  4 cm breit
– 35 cm blaues Band, 4 cm breit
– 6 x 7-cm-Stücke grünes Band,
  4 cm breit
– 3 x 7-cm-Stücke gelbes Band,
  4 cm breit
– 3 x 7-cm-Stücke blaues Band,
  4 cm breit
– 1,25 m grünes Band, 4 cm breit
– 2,45 m blaues Band, 4 cm breit
– 2,45 m gelbes Band, 4 cm breit
– je 1,40 m gelbes, grünes, blaues
  Satinband, 6 mm breit
– ein paar Blüten, Efeublätter
– 1 m gelbe Kordel, zum Aufhängen
– 70 cm gelbe Kordel, zum Säumen
– Stecknadeln, Nagelfeile, Cuttermesser
  und Heißkleber

Vorbereitung
Die beiden 2,45 m langen Bänder und
das 1,25 m lange Band werden in 6 cm
große Abschnitte geschnitten.

Anleitung
Das Entenband wird in der Patchworktechnik in der Mitte der Kugel gearbeitet. Unterhalb des Motivbandes werden
15 cm vom blauen Band 2 cm breit
ebenfalls in Patchworktechnik eingearbeitet. Für die Patchworktechnik
ziehen Sie sich Linien auf der Kugel.
Diese Linien ritzen Sie mit dem Cuttermesser ca. 1 cm tief ein. Mit der Nagelfeile schieben Sie die Bandränder in die
Ritzen. Überstehendes Band wird ab-
geschnitten. Die obere Hälfte der Kugel
wird in 12 Teile à 2,5 cm geteilt. Die
Bänder werden farbig abwechselnd,
wie auf der Abbildung zu sehen, mit
der Nagelfeile eingesteckt.
Mit der 30 cm Kordel säumen Sie das
Motivband oben und unten.
Die untere Hälfte der Kugel wird in der
Artischockentechnik gearbeitet. Die ersten drei Reihen sind mit 8 Abschnitten
gesteckt, danach wird nur noch mit
Blau und Gelb weitergearbeitet.

Die Satinbänder werden der Länge
nach geteilt, zu Schleifen gelegt und
am unteren Ende der Kugel befestigt.
Die Blüten und die Blätter stecken Sie
dazwischen und befestigen die Kordel
zum Aufhängen.

Blauer Kranz

Material
– flacher Styroporkranz, 17 cm Ø
– 3,45 m blaugemustertes Band,
  2,5 cm breit
– 2,30 m blaues Band, 2,5 cm breit
– 1 m blaugemustertes Band,
  2,5 cm breit, zum Aufhängen
– 2 m blaues Band, 2,5 cm breit,
  zum Wickeln
– 4 Stäbe blaues Elefantenried,
  25 cm lang
– 2 Stiele blaue Ranunkel
– 1 Stiel weiße Wiesenblümchen
– Efeu und Gräser
– Heißkleber und Stecknadeln

Vorbereitung
Aus dem 3,45 m langen blaugemusterten Band werden 69 Stücke à 5 cm und aus dem 2,30 m langen blauen Band 46 Stücke à 5 cm geschnitten.

Anleitung
Die Hälfte des Kranzes wird in der Artischockentechnik gearbeitet.
1. Arbeitsschritt: Am Außenrand, auf die Mitte und am Innenrand stecken Sie je 1 blaugemustertes Dreieck auf.
2. Arbeitsschritt: In den Zwischenräumen stecken Sie je 1 blaues Dreieck fest. So arbeiten Sie bis zur Mitte weiter. Achten Sie darauf, daß im Innenkreis etwas enger gesteckt werden muß als am äußeren Rand, damit Sie die Rundungen auffüllen.

Der Rest des Kranzes wird mit dem 25 cm breiten blauen Band umwickelt. Auf der Nahtstelle zwischen Schuppen und gewickeltem Band befestigen Sie die Aufhängung.
Die Stäbe werden mit Wickeldraht gebündelt und mit Heißkleber am Kranz befestigt. Dann arrangieren Sie die Blumen, den Efeu und die Gräser ebenfalls mit Heißkleber auf den Stäben.

Rosa Wandgesteck

Material
– Styroporkugel, 10 cm Ø
– 2,6 m buntes Band, 4 cm breit
– 2,5 m rosa Band, 4 cm breit
– 18 x 18 cm Korkplatte
– Steckschwamm
– Blumen, Gräser und Moos
– Stecknadeln, Heißkleber und
  Aufhänger

Vorbereitung
Die Bänder werden in 7 cm große
Stücke geschnitten.

Anleitung
Die Kugel wird nach dem Grundmodell I
in der Artischockentechnik gearbeitet.

Für die Fertigstellung des Gesteckes
wird die Artischockenkugel mit Heißkleber auf die Korkplatte geklebt.
Neben der Artischockenkugel wird ein
kleines Stück Steckschwamm befestigt.
Der Steckschwamm wird mit Moos abgedeckt und die Blumen darauf arrangiert. Den Aufhänger befestigen Sie an
der Rückseite der Korkplatte.

27

Füllhorn

Material

- 21 cm Styroporkegel
- 4 m grünes Band, 4 cm breit
- 4 m buntes Band, 4 cm breit
- 40 cm grünes Band, 4 cm breit
- 1 m grünes Satinband, 3 mm breit, zum Aufhängen
- 1 m grünes Band mit Goldkante, 4 cm breit
- je 1 m grünes und gelbes Satinband, 3 mm breit
- Steckschwamm, Dschungelgras und Blätter
- Blumen, Efeu, Korkenzieheräste und Gräser
- Stecknadeln und Heißkleber

Vorbereitung

Die 4 m langen Bänder werden in je
16 Abschnitte zu 3 cm
16 Abschnitte zu 4 cm
24 Abschnitte zu 5 cm
28 Abschnitte zu 6 cm
geschnitten.

Anleitung

Von dem 40 cm langen grünen Band
wird ein ca. 3 cm großes Stück abge-
schnitten und die Kegelspitze damit abgedeckt. Jetzt arbeiten Sie in der Artischockentechnik (Grundmodell I) beginnend mit den kleinen Abschnitten,
dann folgen die größeren.
Wenn der Kegel fertig gesteckt ist, wird
der untere Rand mit dem restlichen,
37 cm langen Band gesäumt. Anschließend wird die Aufhängung mit Heißkleber und Stecknadeln befestigt.
Den Steckschwamm kleben Sie mit
Heißkleber an und decken ihn mit
Dschungelgras ab. Die Blumen, der
Efeu, die Zweige und die Gräser werden
darauf arrangiert, das Dekoband und
die Satinbänder zu einer Schleife gelegt
und diese in das Gesteck eingearbeitet.

Fensterschmuck

Material

– 7,85 m buntes Band, 4 cm breit
– 7,90 m einfarbiges Band, 4 cm breit
– 0,60 m einfarbiges Band, 4 cm breit,
   um das Ende zu umwickeln
– 1 Styroporflachkranz, 25 cm Ø
– 1,20 m Satinband, 6 mm breit,
   zum Aufhängen
– Stecknadeln, Heißkleber
für das Gesteck:
– 1 kleines Stück Steckschwamm
– roséfarbenes Dschungelgras
– 1 großes grünes Blatt
– 80 cm lilafarbener Efeu
– 2 rosa Wachsrosen
– 1 Sesamkugel
– 4 Stäbe, ca. 30 cm lang
– Pfeifenputzergras
– Blätter zum Füllen, Illepsis
– je 60 cm Satinband:
   Dunkelrosa 16 mm breit, Rosa 10 mm
   breit, Antikblau 6 mm breit, Grün
   10 mm breit
– etwas Naturbast

Vorbereitung

Die beiden langen Bänder werden in
7 cm lange Abschnitte geschnitten.

Anleitung

Halbieren Sie den Styroporkranz, und
kleben Sie ihn mit den flachen Seiten
zusammen. Direkt an der Schnittstelle
beginnen Sie mit der Artischockentechnik (Grundmodell I). Arbeiten Sie über
die Kante hinweg bis zum anderen Ende des halbierten Kranzes. Achten Sie
darauf, daß im Innenteil enger gearbeitet werden muß als außen. Wenn die
Ecken über den Kanten zu sehr abste-
hen, drücken Sie sie vorsichtig mit etwas Heißkleber an. Das Ende wird mit
dem einfarbigen Band umwickelt.
Das untere Ende wird flach geschnitten.
Die Aufhängung stecken Sie oben unter
einer Ecke fest und kleben sie an, genauso auch unten gut feststecken und
ankleben.
Für das Gesteck kleben Sie den

Schwamm an und decken ihn mit Dschungelgras ab. Das große Blatt wird unten angebracht und der Efeu ausladend festgesteckt. Blumen, Sesamkugel und Stäbe werden plaziert. Die Zwischenräume füllen Sie mit den Blättern und dem Pfeifenputzergras aus. Aus den Satinbändern und dem Bast legen Sie zum Schluß eine Schleife und befestigen sie.

Blumen

Material

Je Blume:
- 1 Styroporflachring, 7,5 cm Ø
- 1 Styroporkugel, 3 cm Ø
- 2,80 m gemustertes Band,
  2,5 cm breit
- 0,80 m einfarbiges Band, 2,5 cm breit
- 1,45 m einfarbiges Band, 2,5 cm breit
  (Blütenmitte)
- 0,80 m grünes Band, 4 cm breit
- Stecknadeln, Heißkleber
- Blumenstiel mit Blättern

Vorbereitung

Schneiden Sie alle Bänder in 5 cm lange
Stücke.

Anleitung

Es wird in der Artischockentechnik
gearbeitet, doch immer nur mit einer
Farbe. Auf dem Styroporflachring arbeiten Sie pro Reihe mit 8 Ecken von
außen nach innen, 7 Reihen buntes und
2 bis 3 Reihen einfarbiges Band. Arbeiten Sie nur bis gut über die Mitte. Den
Innenkreis brauchen Sie nicht auszu-
stecken.

Die Kugel als Blütenmitte wird wie eine
Artischockenkugel gearbeitet und
anschließend in die Mitte des Ringes geklebt. Die grünen Bänder arbeiten Sie
als Abdeckung von hinten gegen das
Styropor. Nun brauchen Sie nur noch
den Blumenstiel mit Heißkleber zu befestigen. Als Verzierung können Sie,
wenn Sie möchten, eine Perlenkette um
die Blütenmitte kleben.

Ballonfahrt

Material
– Styroporkugel, 12 cm Ø
– 80 cm cremefarbenes Band, 6 cm breit
– 80 cm taubenblaues Band, 6 cm breit
– 3,2 m taubenblaues Satinband,
  6 mm breit
– 1 kleines Körbchen
– 1 kleine Puppe

Anleitung
Dieser Ballon wird in der Patchwork-technik gearbeitet. Dazu muß die Kugel mit einem Lineal und mit einem Bleistift in 8 Teile zu 4,6 cm geteilt werden. Die auf-gezeichneten Linien werden mit einem Cuttermesser 1 cm tief eingeschnitten. Die Bänder schneiden Sie nun in 4 Teile à 20 cm. Mit einer Nagelfeile stecken Sie die Bänder abwechselnd in die Einker-bungen. Jede zweite Einkerbung wird mit Satinband überzogen, das mit Heißkleber festgeklebt wird. In den Zwischenräumen wird das Satinband nur bis zur Hälfte angeklebt und mit dem unteren Ende am Korb befestigt. Jetzt muß nur noch die Aufhängung mit Heißkleber und Stecknadeln befestigt werden. Zum Schluß setzen Sie die Puppe in den Korb, und die lustige Ballonfahrt kann beginnen.

Glückwunschkarten

Passepartoutkarten ermöglichen es, Ihrer Phantasie freien Lauf zu lassen. Sie benötigen nicht viel Band dazu und ha-ben schnell etwas Schönes geschaffen.

Bei den Abschnitten für die Arti-schockentechnik reicht es, wenn Sie die Bänder 4 cm lang zuschneiden und zu Dreiecken zusammenkleben. Am besten geht es mit der Heißklebepistole. Übertragen Sie den Kartenausschnitt mit Bleistift auf die Innenkarte. Auf die Kar-te kleben Sie mit Bastelkleber dann Ihre Bänder. Alles zusammen wird nun von hinten gegen den Kartenausschnitt ge-klebt.

Herbst

Ägyptische Kugeln

Kugel in Rot und Gold
Material
- Styroporkugel, 8 cm Ø
- 60 cm rotes Band mit ägyptischen
  Motiven, 4 cm breit
- 1,15 m rotes Band, 4 cm breit
- 1,15 m goldenes Band, 4 cm breit
- 1,50 m rote Kordel
- 3 goldene Pailletten
- Stecknadeln, Heißkleber
- Cuttermesser, Nagelfeile

Vorbereitung
Schneiden Sie das 60 cm lange Band in
4 Teile à 15 cm. Das rote und das goldene Band wird in je 28 Abschnitte à 4 cm
geschnitten.

Anleitung
Diese Kugel wird in der Patchworktechnik gearbeitet. Dazu teilen Sie sie in
8 gleich große Felder. Mit dem Cuttermesser schneiden Sie ca. 1 cm tief an

den Linien entlang ein. Zunächst werden die 4 cm breiten Abschnitte roten Motivbands mit der Nagelfeile in die Einschnitte gesteckt. Anschließend werden auch die roten und goldenen, gefalteten Abschnitte abwechselnd in die Kerben gesteckt. Über die Kerben kleben Sie die Kordel. Rechts und links der Kugel wird je 1 Paillette festgesteckt. Die Kordel zum Aufhängen befestigen Sie ebenfalls mit einer Paillette.

Kugel in Grün und Braun
Material
– Styroporkugel, 10 cm Ø
– 4 x 18 cm grünes Motivband,

4 cm breit
– 1,95 m helles Band, 4 cm breit
– 1,70 m braunes Band, 4 cm breit
– 1,50 m braune Kordel
– 2 goldene Pailletten
– Stecknadeln, Heißkleber
– Cuttermesser, Nagelfeile

Vorbereitung
Das braune Band wird in 24 Abschnitte zu 7 cm und das helle Band in 28 Abschnitte zu 7 cm geschnitten.

Anleitung
Die Kugel wird in derselben Arbeitsweise gearbeitet wie die Ägyptische Kugel in Rot und Gold.

Geteilter Kranz

Material
- flacher Styroporkranz, 20 cm Ø
- *linke Hälfte:*
- 75 cm orangefarbenes Band, 4 cm breit
- 60 cm gemustertes Band, 4 cm breit
- 60 cm grünes Band, 4 cm breit
- *rechte Hälfte:*
- 1 m orangefarbenes Band, 4 cm breit

- 3,30 m grünes Band, 4 cm breit
- 1,50 m gemustertes Band, 4 cm breit
- 30 cm Pappe, 7 cm breit
- 30 cm orangefarbenes Band, 7 cm breit
- 1 m orangefarbenes Band, 7 cm breit
- 80 cm gemustertes Band, 4 cm breit
- Bündel Ähren
- Stecknadeln, Heißkleber und Wickeldraht

Vorbereitung

Teilen Sie den Styroporkranz in zwei Hälften.
Für die linke Hälfte schneiden Sie die Bänder in 12 cm große Stücke.
Für die rechte Hälfte schneiden Sie 8 Stücke à 12 cm in Orange, 3 Stücke à 12 cm in Grün, 48 Stücke à 6 cm in Grün und 24 Stücke à 6 cm vom gemusterten Band zu. Das 30 cm lange orangefarbene Band wird auf die Pappe geklebt.

Anleitung

Die linke Hälfte wird abwechselnd mit den Bandabschnitten umwickelt und hinten mit Nadeln festgesteckt. Dabei verdecken Sie auch den Anfang und das Ende.
Bei der rechten Hälfte wird der obere Anfang ebenfalls verdeckt. Dann arbeiten Sie in der Artischockentechnik weiter. 1. Reihe 3 Ecken grün, 2. Reihe 2 Ecken bunt, insgesamt 4 Reihen grün und 3 Reihen bunt. Dann umwickeln Sie den Kranz wieder im Wechsel Orange, Grün, Orange. Danach arbeiten Sie den nächsten Artischockenabschnitt. Stecken Sie die Artischockenecken am Innenrand des Kranzes etwas enger als am Außenrand. Wechseln Sie die beiden Muster bis zum Kranzende ab. Verdecken Sie das Ende mit Orange.

Kleben Sie die zwei Kranzhälften mit Heißkleber versetzt auf die Pappe. Das Bündel Ähren wird mit Draht an den Stielen fest zusammengewickelt und ebenfalls mit Heißkleber über die Mitte der beiden Halbkränze geklebt. Zum Schluß setzen Sie noch die Schleife davor.

Herbstgesteck

Material

- 1 Styroporkugel, 10 cm Ø
- je 3,5 m grünes und gemustertes Band, 4 cm breit
- 1 Styroporkugel, 8 cm Ø
- je 3 m grünes und gemustertes Band, 4 cm breit
- 1 ovale Korkplatte, 20 cm Ø
- 1 Ast lachsfarbene Baumwollröschen
- 2 kupferfarbene Strelizienblätter
- 1 m geflochtener Naturbast
- 1 Strelizienblatt aus Seide
- Efeu, Gräser, Dschungelgras
- Steckschwamm
- 1 Taftband mit Goldkante

Vorbereitung

Die 3,5 m langen Bänder werden in

7 cm lange Abschnitte geschnitten, die 3 m langen Bänder in 6 cm lange Abschnitte.

Anleitung

Die Kugeln werden in der Artischockentechnik (Grundmodell I und II) gearbeitet.

Auf die Korkplatte kleben Sie den Steckschwamm, den Sie mit Dschungelgras abdecken. Als nächstes plazieren Sie die Artischockenkugeln. Alle anderen Materialien werden mit Heißkleber im Steckschwamm befestigt.

Die Strelizienblätter, den Efeu, die Gräser und die Blumen arrangieren Sie in ovaler Form um die Kugeln herum. Winden Sie den Bast darüber, legen Sie das Band zu einer Schleife und stecken Sie beides gut fest.

Viereckige Dose

Material
– Styropordose, 12,5 x 12,5 cm
– 1,47 m blaugemustertes Band,
  4 cm breit
– 0,56 m blaues Juteband, 4 cm breit
– 1,40 m braunes Band, 4 cm breit
Diese Bänder werden in 7 cm lange
Abschnitte geschnitten.
– 2 x 55 cm blaues Juteband, 4 cm breit
– 55 cm blaugemustertes Band,
  4 cm breit

– 55 cm braunes Band, 4 cm breit
– Stecknadeln, Heißkleber
– 1 Goldperle
– Bastelkleber

Anleitung
In der Mitte des Deckels stecken Sie einen Bandabschnitt flach fest. Es wird
zwar in der Artischockentechnik gearbeitet, aber die Bänder werden etwas
anders festgesteckt. Das Band wird

39

flach aufgelegt, in der oberen Mitte mit einer Nadel befestigt und die rechte und linke obere Bandecke nach unten in der Mitte zusammengeführt und festgesteckt. So liegen die Dreiecke flach auf, stehen nicht ab, und durch das nachträgliche Falten des Bandabschnitts sieht man die Nadeln nicht mehr.

Die erste Reihe besteht aus 4 blaugemusterten Ecken, die zweite und dritte Reihe aus 4 Juteecken, die vierte und fünfte Reihe wieder aus 8 blaugemu-

sterten Ecken, die sechste und siebte Reihe aus 8 braunen Ecken. In jede Ecke wird nochmals ein brauner Abschnitt gesetzt.

Den Rand verdecken Sie mit dem blauen, auf 2 cm zusammengelegten Juteband. Anschließend wird die Perle aufgeklebt.

Das Unterteil der Dose streichen Sie mit Bastelkleber ein und kleben je 1 Runde braunes, blaugemustertes und Juteband so fest, daß von jedem Band ca. 1,5 cm zu sehen sind.

Bilderrahmen

Material
- Styroporrahmen, 23 x 16 cm
- halbe Styroporkugel, 7 cm Ø
- Pappe und Tonpapier, je 23 x 16 cm
- Stecknadeln, Heißkleber und Klebestift
- *Kugel:* 1,05 m gemustertes Band, 2,5 cm breit
- 1,20 m lachsfarbenes Band, 2,5 cm breit
- 0,25 m lachsfarbenes Band, 2,5 cm breit
- *Rahmen:* 2,00 m gemustertes Band, 2,5 cm breit
- 4,05 m lachsfarbenes Band, 2,5 cm breit
- 2,50 m lachsfarbenes Band, 2,5 cm breit

Vorbereitung
Kugel: Das gemusterte Band wird in 17 Stücke à 6 cm und das lachsfarbene in 20 Stücke à 6 cm geschnitten.

Rahmen: Das gemusterte Band wird in 33 Stücke à 6 cm und das lachsfarbene in 67 Stücke à 6 cm geschnitten.

Das Tonpapier wird auf die Pappe geklebt und die Halbkugel in die Ecke des Rahmens eingepaßt.

Anleitung
Die Halbkugel wird nach dem Grundmodell I gearbeitet und der untere Rand mit dem 25 cm langen Band umfaßt.

Der Rahmen wird von oben bis 4 cm unter die linke Ecke umwickelt. Danach wird mit der Artischockentechnik bis 4 cm vor die untere Ecke gesteckt. Anschließend wird rechts oben der Rahmen 4 cm umwickelt und in der Artischockentechnik bis 4 cm vor die Ecke besteckt. Umwickeln Sie von links nach rechts das noch freie Stück, und kleben Sie den Rahmen mit Heißkleber auf die Pappe.

Die Anleitung für den Baum finden Sie auf Seite 44.

Januar

1

Sonntag

Wo 52   Neujahr   1995

Kalender

Diesen Kalenderrahmen können Sie natürlich auch als Bilderrahmen verwenden.

Material
– Styroporrahmen, 23 x 16 cm
– 1 Jahreskalender
– 3,15 m gemustertes Band, 2,5 cm breit
– 2,90 m naturfarbenes Band, 2,5 cm breit
– 2 Stücke Wellpappe, 6 x 15 cm
– 2 Stücke Wellpappe, 6 x 8 cm
– 10 cm gemustertes Band
– Pappe, 23 x 16 cm
– naturfarbenes Tonpapier, 23 x 16 cm
– 90 cm naturfarbenes Satinband, 6 mm breit
– Stecknadeln, Heißkleber und Klebestift

Vorbereitung
Die 3,15 und 2,90 m langen Bänder werden in 6 cm große Stücke geschnitten.

Anleitung
Arbeiten Sie jede Ecke des Rahmens in der Artischockentechnik. Anschließend wird die Wellpappe aufgeklebt. Das naturfarbene Tonpapier wird auf die Pappe geklebt und alles zusammen von hinten mit Kleber am Rahmen befestigt. Säumen Sie den Rand mit Satinband, und kleben Sie das 10 cm große Stück Band in die Ecke. Der Kalender wird einfach mit seinen Klammern durch die Pappe gesteckt, und diese werden hinten umgeknickt.

Passepartoutkarten

Passepartoutkarten gibt es mit vielen verschieden ausgestanzten Motiven. Eine Passepartoutkarte besteht immer aus 2 Teilen: der Innenkarte, auf der gearbeitet wird und die man dann von hinten gegen den Ausschnitt der Außen-

karte klebt, und der Klappkarte. Am einfachsten ist es, wenn Sie den Ausschnitt mit Bleistift auf die Innenkarte übertragen. Es läßt sich so leichter arbeiten, weil Bänder und andere Materialien besser in den Motivrahmen eingepaßt werden können.

Bei der linken Karte auf Seite 43 werden die beiden schmalen Motivrahmen mit dem bunten Band flach hinterlegt. Hinter das große Rechteck wird ein 10 cm langes Band, 4 cm breit, geklebt. Auf der Längsseite arbeiten Sie 3 Reihen Artischockentechnik mit je 3 Ecken. Die

Ecken werden mit Heißkleber zusammen und auch auf die Karte geklebt. Die Innenkarte kleben Sie von hinten mit Bastelkleber gegen den Ausschnitt. Zum Abschluß wird ein 6 mm breites Satinband über die letzte Reihe Ecken geklebt. Bei den anderen Karten gestalten Sie den Ausschnitt mit flach aufgeklebten Bändern und einigen Artischockenreihen. Mit dekorativen Kleinigkeiten wie Kordeln, Gräsern u.ä. können Sie hübsche Akzente setzen. Vielleicht haben Sie noch andere Ideen? Lassen Sie Ihrer Phantasie freien Lauf!

Winter

Adventskalender

Material
- Styroporplatte, 50 x 30 x 2 cm
- rote Wellpappe, 50 x 30 cm
- Styroporkegel, 16 cm, der Länge nach halbiert

Für den Baum:
- 1,50 m grünes Band, 4 cm breit
- 1,60 m grüngemustertes Band, 4 cm breit
- 1,20 m grünes Band mit Gold- und Drahtkante, 4 cm breit
- 1,40 m grünes Juteband mit Gold- und Drahtkante, 4 cm breit
- 1,20 m grüne Spitze
- 6 Stücke grünes Band, 4 cm breit, 10 cm lang, für den Baumboden
- goldene Sonne
- 1,80 m Juteband mit Gold, 4 cm breit, für die Tüten
- 1,70 m grünes Juteband mit Gold- kante, 4 cm breit, für den Rand
- Stecknadeln, Heißkleber
- Cuttermesser, Bastelkleber, Nagelfeile

Vorbereitung
Die Wellpappe wird mit Bastelkleber auf die Styroporplatte geklebt und die Bänder für den Baum in 7 cm lange Abschnitte geschnitten.

Anleitung
Schneiden Sie in den Boden des Bau- mes mit dem Cuttermesser 6 gleich große Dreiecke, und überziehen Sie diese mit den Bandabschnitten in der Patchworktechnik. Den Baum selbst arbeiten Sie in der Artischockentech- nik, allerdings nicht nach einem be- stimmten Muster. Legen Sie die Gold- kante nach oben. Die Bandabschnitte rechts und links werden nach hinten umgelegt, damit es einen sauberen Abschluß gibt.

Plazieren Sie den fertigen Baum mit Heißkleber auf der Styroporplatte, und kleben Sie die Sonne auf die Spitze. Aus dem Juteband falten Sie 24 kleine Tütchen, ca. 3,5 cm breit, und stecken sie mit Stecknadeln fest. Der Rand wird mit dem grünen Juteband ge- säumt. Zum Schluß biegen Sie beim Baum die Bänder mit der Goldkante an der Spitze etwas nach oben.

Runde Dose

Material
- runde Styropordose, 14,5 cm Ø
- 56 cm rote Wellpappe, 4 cm breit
- 56 cm goldenes Band, 4 cm breit
- 63 cm rotgoldenes Band, 4 cm breit
- 46 cm rote Wellpappe, 6,5 cm breit
- 1 m Kordel
- 2 goldene Wachsperlen
- kurze Stecknadeln, Bastelkleber (für Styropor geeignet)

Vorbereitung
Schneiden Sie die 4 cm breiten Bänder und die 4 cm breite Wellpappe in 7 cm lange Abschnitte.
Aus den Wellpappestreifen schneiden Sie Dreiecke.

Anleitung

Stecken Sie einen rotgoldenen Abschnitt flach in der Mitte des Dosendeckels fest.

Arbeiten Sie jeweils 2 Reihen mit Rotgold, Gold und Wellpappe in der Artischockentechnik. Am Deckelrand schneiden Sie alle überstehenden Bänder ab. Kleben Sie 2 Reihen Kordel am Deckelrand mit Bastelkleber an, ebenso die Wachsperlen.

Die Dose selbst bekleben Sie mit dem breiten Streifen Wellpappe, den Sie zur Sicherheit am Anfang und am Ende jeweils mit 2 Stecknadeln befestigen.

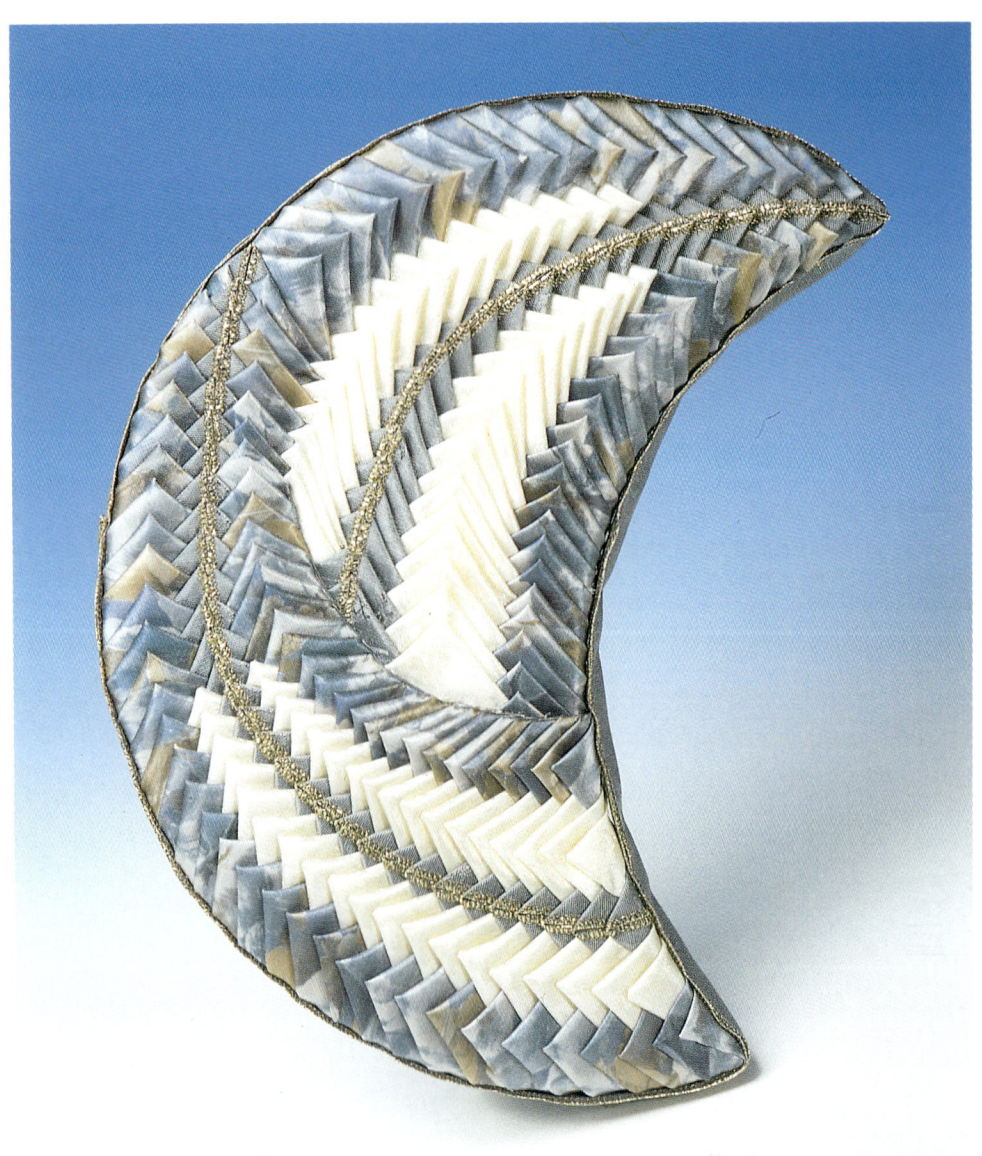

Mond

Material
- Styropormond, 33 x 17 x 2 cm
- 7,50 m blaugemustertes Band,
  4 cm breit
- 3,85 m blaues Band mit Goldkante,
  4 cm breit

- 4,90 m naturfarbenes Band,
  4 cm breit
- 1,10 m Band mit Goldkante,
  4 cm breit, für den Rand
- Stecknadeln

Vorbereitung

Die Bänder für die Artischockentechnik werden in 7 cm lange Stücke geschnitten. Markieren Sie den Mond mit einem Bleistift in der Mitte halbrund.

Anleitung

An der oberen Spitze beginnen Sie mit den Goldkantenbandecken. Legen Sie die Goldkante nach außen. Arbeiten Sie dann die rechte und die linke Seite mit den blaugemusterten Ecken immer am Rand entlang, wobei um die Kante herumgesteckt werden muß. Nach der achten Reihe arbeiten Sie das Naturband ein. Die obere Hälfte des Mondes wird bis zur unteren Markierung besteckt. Nach ca. der 19. Reihe beginnen Sie am oberen rechten Rand der Markierung neu. Fangen Sie, wie an der oberen Spitze, mit einer Ecke Gold-kantenband an. Nach ca. der 14. Reihe wird das naturfarbene Band eingearbeitet. In der unteren Hälfte des Mondes werden die rechten blaugemusterten Bänder an der rechten Seite um die Kante herumgesteckt, so daß ein sauberer Rand entsteht. Die blaugemusterten Abschnitte, die in der Mitte des Mondes den oberen Bereich vom unteren Bereich trennen, werden an der linken Seite nach hinten gefaltet, so daß auch hier ein sauberer Rand entsteht. Bei dieser Form müssen die Innenreihen etwas enger gesteckt werden als die äußeren.

Um den Rand zu verdecken, legen Sie das Band der Länge nach so zusammen, daß die beiden Goldkanten untereinander liegen und stecken es dann mit Stecknadeln fest.

Goldener Stern

Material
- Styroporstern, 20 cm
- 6,65 m braungemustertes Band, 4 cm breit
- 5,60 m goldenes Band, 4 cm breit
- 1 m Satinband, 3 mm breit, zum Aufhängen
- 2 goldene Schmuckmedaillons
- 2 goldene Wachsperlen
- Stecknadeln, Heißkleber

Vorbereitung

Die 4 cm breiten Bänder werden in 7 cm lange Abschnitte geschnitten.

Anleitung

Zunächst werden die Sternspitzen mit je 1 Abschnitt braunem Band abgedeckt. Es wird im Prinzip in der Artischockentechnik (Grundmodell I) gearbeitet. Arbeiten Sie eine Sternenzacke nach der anderen. Auf der Vorder- und Rückseite einer Sternenzacke wird der erste braune Abschnitt etwas überstehend festgesteckt. Insgesamt werden 6 Reihen braunes Band je Zacken gearbeitet. Der erste goldene Abschnitt an der Seite jeder Zacke wird etwas zurückgesetzt. Von den goldenen Abschnitten werden insgesamt 5 Reihen gearbeitet.

Anschließend wird die Mitte ausgearbeitet. Je ein goldenes Dreieck wird in die Zackenzwischenräume gesteckt. Die braunen Abschnitte werden fortlaufend bis zur Mitte des Sterns gear-beitet. Die Mitte besteht aus insgesamt je 3 Reihen brauner und goldener Ecken. Die Rückseite arbeiten Sie genauso. Die Mitte wird dann mit den Schmuckteilen abgedeckt.

Zum Schluß bringen Sie noch die Aufhängung mit Stecknadeln und Heißkleber an.

Patchwork-Stern

Material
– Styroporstern, 15 cm
– 8 x 10 cm rotes Band, 4 cm breit
– 6 x 10 cm buntes Band, 7 cm breit
– 1 m Satinband, 3 mm breit
– 50 cm goldene Perlenkette
– Cuttermesser, Heißkleber, Nagelfeile

Anleitung
Mit dem Cuttermesser schneiden Sie das Sternenkreuz und die äußeren Kanten ca. $^1/_2$ cm tief ein. Die beiden Ecken, die mit rotem Band überzogen werden, werden ebenfalls in der Mitte eingeschnitten. Arbeiten Sie an den Sternspitzen vorsichtig, um das Abbrechen des Styropors zu vermeiden. Mit der Nagelfeile werden nun die Bänder in die Kerben gesteckt. Mit dem Satinband verdecken Sie die Kerben und kleben die Aufhängung an. Mit der Perlenkette wird der Stern noch etwas verziert.

Patchwork-Glocke

Material

– Styroporglocke, 8 cm
– 4 x 10 cm buntes Band, 7 cm breit
– 8 x 8 cm rotes Band, 4 cm breit,
  mit Goldkante
– 30 cm Satinband, 3 mm breit
– 25 cm Litze
– 10 x 10 cm Band, zum Abdecken
  der Glockenöffnung
– Cuttermesser, Heißkleber, Nagelfeile,
  Stecknadeln

Anleitung

Bei der Glocke ist es zweckmäßig, die Einteilung mit einem Stift vorzuzeichnen. Teilen Sie die Glocke in vier Teile und die untere Hälfte in Dreiecke. Nachdem Sie alle Linien mit dem Cuttermesser ca. $^{1}/_{2}$ cm tief eingeschnitten haben, werden die Stoffstücke mit der Nagelfeile eingesteckt. Beim roten Band wird die Goldkante nicht eingesteckt, sondern mit Stecknadeln oben aufliegend sichtbar festgesteckt. Den unteren Rand verschönern Sie mit der Litze. Die Glockenöffnung wird abgedeckt und die Aufhängung durch Kleben oder Anstecken angebracht.

Goldene Glocke

Material
– Styroporglocke, 15 cm
– Styroporkugel, 15 cm Ø
– Steinmalfarbe „Venezianisches Gold"
– 2,5 m rotes Band mit Goldkante,
  4 cm breit
– 2,5 m goldene Perlenkette
– 2 x 50 cm rotes Band, für Schleife
– 2 x 1 m rotes Satinband, 6 mm breit,
  für Schleife
– Stecknadeln, Pinsel, Heißkleber

Vorbereitung
Schneiden Sie die Styroporkugel in der
Mitte durch.
Die Styroporglocke wird zweimal mit
der Steinmalfarbe gestrichen. Beim
ersten Mal tragen Sie die Farbe waage-
recht auf und lassen sie gut trocknen.
Beim zweiten Mal tragen Sie die Farbe
senkrecht auf, damit der Sand in der
Farbe gleichmäßig hängenbleibt. Lassen
Sie die Glocke gut trocknen.
Das 4 cm breite rote Band wird in
41 Stücke zu 6 cm Länge geschnitten.

Anleitung
Die Halbkugel wird in der Artischockentechnik gearbeitet. Dazu wird
die dekorative Goldkante des Bandes
nach außen gelegt.
Die fertige Halbkugel wird mit Heißkleber unten in die Glocke geklebt. Mit
30 cm Perlenkette, die ebenfalls aufgeklebt wird, setzen Sie einen dekorativen
Akzent. 80 cm der Kette werden oben
an der Glocke als Aufhängung befestigt.

Mit den beiden Bändern legen Sie
Schleifen und befestigen diese mit Kleber oben auf der Glocke. Den Rest der
Perlenkette arrangieren Sie zwischen
den Schleifen.

Artischocken-Glocken

Größere Glocke
Material
- Styroporglocke, 9 cm
- 2,80 m türkisfarbenes Band, 4 cm breit
- 2,80 m naturfarbenes Band, 4 cm breit
- 1,20 goldfarbenes Band, 4 cm breit
- 50 cm goldenes Netzband
- 2 m türkisfarbenes Satinband, 3 mm breit
- 1 m türkisfarbenes Satinband,
  6 mm breit
- Stecknadeln, Heißkleber
- goldene Allesfarbe

Vorbereitung
Streichen Sie den Innenteil und die Unterseite der Glocke mit der goldenen Allesfarbe.

Die 4 cm breiten Bänder werden in 5 cm lange Abschnitte geschnitten.

Anleitung
Bei dieser Technik wird am unteren
Rand der Glocke angefangen zu arbei-
ten. Stecken Sie vier türkisfarbene
Ecken im Wechsel mit vier naturfarbe-
nen Ecken gleichmäßig verteilt mit
1,5 cm Überstand auf den unteren
Rand. In der nächsten Reihe arbeiten
Sie acht goldfarbene Abschnitte in die
Zwischenräume um einen Zentimeter
zurückgesetzt ein. So arbeiten Sie insgesamt 3 Reihen. Ab der vierten Reihe
wird dann nur noch mit Türkis und
Natur weitergearbeitet.
Das 6 mm breite türkisfarbene Band befestigen Sie als Aufhängung mit dem
Heißkleber. Schneiden Sie das Netzband
und das türkisfarbene, 3 mm breite
Band in der Mitte durch, und legen Sie
je zwei Schleifen. Diese werden dann
rechts und links von der Aufhängung
mit Heißkleber angeklebt.

Kleinere Glocke
Material
– Styroporglocke, 7 cm
– je 1,95 m goldenes und türkisfarbenes
  Band, 2,5 cm breit
– 1 m weißes Band, 2,5 cm breit
– 1 m türkisfarbenes Band, 6 mm breit,
  für die Aufhängung
– 2 x 50 cm goldenes Band, 1 cm breit
  für die Schleifen
– 2 x 25 cm türkisfarbenes Tüllband
– 50 cm türkisfarbene Kette
– Stecknadeln, Heißkleber
– goldene Allesfarbe

Vorbereitung
Die 2,5 cm breiten Bänder werden in
4 cm lange Abschnitte geschnitten.

Anleitung
Die Arbeitsweise ist die gleiche wie bei
der größeren Styroporglocke

Medaillon

Material
– Styroporflachring, 12 cm Ø
– 1,6 m bordeauxfarbenes Band,
  2,5 cm breit
– 1,6 m helles Band mit Goldkante,
  2,5 cm breit
– 1 halbe Styroporkugel, 7 cm Ø
– 65 cm bordeauxfarbenes Band,
  2,5 cm breit
– 88 cm helles Band mit Goldkante,
  2,5 cm breit
– 30 cm goldene Kordel
– 40 cm goldene Litze
– Stecknadeln, Heißkleber
– 50 cm bordeauxfarbenes Band,
  2,5 cm breit, für die Schleife

Vorbereitung
Für den Kranz:
Die beiden 1,6 m langen Bänder werden
in je 32 Abschnitte zu 5 cm geschnitten.
Für die Kugel:
Das 88 cm lange Band wird in 16 und
das 65 cm lange Band in 13 Abschnitte
zu je 5 cm geschnitten.

Anleitung
Beide Teile werden, jedes für sich, in der
Artischockentechnik, Grundmodell I,
gearbeitet. Legen Sie beim hellen Band
die Goldkante nach außen. Den Kranz
arbeiten Sie auf der oberen Mitte innen
beginnend nach außen. Dabei werden

die Abschnitte etwas versetzt festgesteckt.

Die fertig gearbeitete Halbkugel wird in der Mitte des fertigen Kranzes mit Heißkleber festgeklebt. Mit der Kordel decken Sie die Verbindung von Kugel und Kranz ab. Dann kleben Sie die Aufhängung an. Mit der Litze umsäumen Sie den Rand des Kranzes. Zum Schluß wird die Schleife angebracht.

Kleiner Engel

Material
- Figurenkegel (Styropor), 10 cm
- 1 m bordeauxfarbenes Band, 2,5 cm breit
- 1 m naturfarbenes Band mit Goldkante, 2,5 cm breit
- 20 cm bordeauxfarbenes Band, 2,5 cm breit, zum Säumen der Standfläche und für den Kragen
- 20 cm Kordel, für Halsband und Krone
- Engelshaar, Flügelpaar 13 cm

- 40 cm Satinband, 3 mm breit,
  zum Aufhängen
- Stecknadeln, Heißkleber
- Bastelkleber, Farbstifte für das Gesicht

Vorbereitung
Die beiden 1 m langen Bänder werden
in je 24 Abschnitte zu 4 cm geschnitten.

Anleitung
Die Standfläche des Figurenkegels wird
gesäumt, indem das bordeauxfarbene
Band flach aufgesteckt wird. Arbeiten
Sie den Körper in der Artischockentechnik Grundmodell II. Die Goldkante des
hellen Bandes wird nach außen gelegt.
Bemalen Sie das Gesicht, legen Sie den
kleinen Kragen an, und binden Sie die
Kordel um den Hals. Die Aufhängung
wird am Kopf befestigt. Das Engelshaar
kleben Sie mit Bastelkleber fest. Der
Heiligenschein wird vorsichtig angeklebt. Zum Schluß werden die Flügel
am Rücken mit Heißkleber befestigt.

Großer Engel

Material
- Figurenkegel (Styropor), 15 cm
- 80 cm Goldband, 4 cm breit
- 1,60 m rotes Juteband, 4 cm breit
- 1 m goldenes Juteband, 4 cm breit
- 10 cm Goldkordel, für Heiligenschein
- 20 cm Goldkordel, für Kragenschleife
- Engelshaar
- Goldglitterspray
- Farbstifte für Gesicht
- Stecknadeln, Heißkleber, Bastelkleber

Vorbereitung
Das Goldband wird in 13 Abschnitte
à 6 cm und das rote Juteband in 26 Ab-
schnitte à 6 cm geschnitten. Aus der
Wellpappe schneiden Sie einen Kreis
von 12 cm Durchmesser mit einem
Ausschnitt von 6 cm. Tragen Sie etwas
Goldglitterspray auf.

Anleitung
Zunächst wird die untere Kante des
Figurenkegels mit dem goldenen
Juteband gesäumt. Das Vorderteil
arbeiten Sie in Artischockentechnik,
zweimal Rot, einmal Gold, bis unter
den Hals. Das Kleid wird aus dem
restlichen, in Falten gelegten, goldenen
Juteband festgesteckt, wobei Sie drei
Reihen legen. Die vierte Reihe lassen
Sie am Hals als Kragen etwas über-
stehen.

Legen Sie die Goldkordel um den Hals,
und binden Sie vorne eine Schleife. Das
Gesicht wird bemalt und die Haare mit
dem Bastelkleber aufgeklebt.

Den Heiligenschein kleben Sie an und
befestigen die Flügel am Rücken.

Wandgesteck

Material

Für die Kugel

- 1 Styroporkugel, 7 cm Ø
- 2,65 m blaues Band, 2,5 cm breit
- 3,50 m goldenes Band, 2,5 cm breit
- 50 cm blaugoldene Kordel
- 50 cm blaues Satinband, 3 mm breit, zum Aufhängen
- Tannengrün
- Stecknadeln, Heißkleber

Für den Zapfen

- 1 Styroporzapfen, 11 cm
- 3 m blaues Band, 2,5 cm breit
- 2,25 cm goldenes Band, 2,5 cm breit
- 50 cm goldene Litze, 2 cm breit
- 50 cm blaues Band, 3 mm breit, zum Aufhängen
- Stecknadeln, Heißkleber

Für das Gesteck
- Korkplatte Sternenform
- Steckschwamm, grünes Dschungel-gras, Tannenzweige
- 2 blaue Strelizienblätter, blauer Efeu, Blätter
- 3 blaue Kugeln, blaues Erikamoos
- Stoffschneemann
- blaue Stäbe, Goldfäden
- Heißkleber

Vorbereitung
für die Kugel
Das goldene Band wird in 44 Abschnitte à 6 cm und das blaue Band in 51 Abschnitte à 6 cm geschnitten.
für den Zapfen
Das blaue Band wird in 61 Abschnitte à 4 cm und das goldene Band in 56 Abschnitte à 4 cm geschnitten.

Anleitung
Die Kugel wird nach dem Grundmodell I für die Artischockentechnik und der Zapfen nach dem Grundmodell II gearbeitet (s. a. S. 60).
Für das Gesteck kleben Sie den Steckschwamm auf die Korkplatte und decken ihn mit Dschungelgras ab. Die Zweige und Blätter werden darauf arrangiert. Den Schneemann und die drei blauen Kugeln kleben Sie fest. Die Kugel und den Zapfen stecken Sie an einem Band in den Steckschwamm. Zum Schluß werden die Goldfäden locker über das fertige Gesteck geschlungen.

Weihnachtskarten

Passepartoutkarten gibt es mit den verschiedensten Motiven. Grundsätzlich wird das ausgestanzte Motiv mit Bleistift auf die Innenkarte übertragen. Dann kleben Sie die Bänder auf die Innenkarte. Die Innenkarte wird von hinten gegen den Motivrahmen geklebt.

Sternenkarte
Bei dieser Karte wird das Band mit Bastelkleber flach auf die Innenkarte geklebt.

Karierte Karte

Diese Karte wird in der Webtechnik gearbeitet. Zwei grüne Bänder und ein goldenes Band (10 cm lang und 2,5 cm breit) werden senkrecht nebeneinandergelegt und am oberen Ende angeklebt. Waagerecht werden im Wechsel zwei grüne Bänder und zwei goldene Bänder (7 cm lang und 2,5 cm breit) am rechten Ende befestigt. Verweben Sie die Bänder miteinander, und kleben Sie sie auf den entgegengesetzten Seiten an. Die Innenkarte wird gegen den Motivrahmen geklebt.

Tannenbaumkarte

Den Baumstamm hinterlegen Sie mit einem Stück braunen Band. Der Tannenbaum wird in der Artischockentechnik gearbeitet, wobei die unteren Spitzen ca. 1 cm über das aufgemalte Motiv überstehen sollten. Die einzelnen Bandabschnitte sind ca. 6 cm lang und 4 cm breit und werden nicht nach einem bestimmten Muster aufgeklebt.
Beim Aufkleben der Innenkarte sollten Sie darauf achten, daß die unteren Spitzen der Bandabschnitte aus dem Motivrahmen herausragen.

Kerzenkarten

Diese Karten werden ebenfalls in der Artischockentechnik gearbeitet. Die Flammen und zum Teil die Kerze selbst hinterlegen Sie mit flach aufgeklebtem Band.

Eine Auswahl aus unserem Gesamtprogramm

ISBN 3-8241-0690-6
Broschur, 32 Seiten

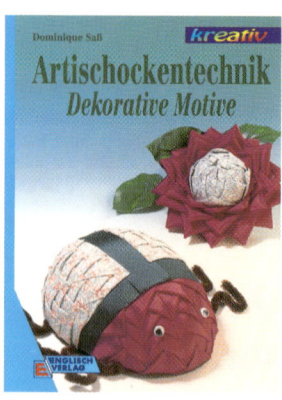

ISBN 3-8241-0702-3
Broschur, 32 Seiten

ISBN 3-8241-0641-8
Broschur, 32 Seiten

ISBN 3-8241-0617-5
Broschur, 32 Seiten

ISBN 3-8241-0636-1
Broschur, 48 S. Vorlageb.

ISBN 3-8241-0703-1
Broschur, 32 Seiten

ISBN 3-8241-0701-5
Broschur, 32 Seiten

ISBN 3-8241-0758-9
Broschur, 32 Seiten

ISBN 3-8241-0769-4
Broschur, 32 Seiten